はじめに

　奇勝の数々に誘われた旅で、日本のシンボル「富士山」をはじめ日本アルプスなど山岳部には氷河期から風雪に耐え抜いた奇岩怪石等も多い。一方平坦部に目を向ければ日本列島は約6,900の島々で構成されており、その沿岸にも自然の遺産としての奇勝が数多く残されている。後者は比較的容易に観ることができる。

　例えば、九十九島（長崎県）は日本三大松島（松島・宮城県、天草松島・熊本県）の一つとして170余りの緑の小島が浮かび、1 km^{2}当たりの島の数「島密度日本一」として、また、松島（宮城県）は日本三景（天橋立・京都府、宮島・広島県）の一つで湾内に260余島の女性的な美しい島々の散在と男性的景観の嵯峨渓（奥松島）でよく知られている。

　また、奇勝めぐりの道中、形こそ異なるが軍艦島と呼ばれる島も幾つかある。なかでも長崎半島西方沖合い約5kmに浮かぶ端島（長崎県）は、まるで軍艦が停泊しているように見える。この他石灰華ドーム（岩手県）など長い歳月をかけ自然の力によって創り出された学術上貴重な天然記念物も少なくない。

　日時単位で変化する鳥取砂丘、干潮時のみ姿を見せる熊本県のオッパイ岩、あるいは年に一度だけ出現する幻の大陸や先人の残した鳥取県の投入堂、また、霧笛の鳴り響くなかで撮影した北海道の花咲灯台車石など、今回収録したものは全国的に見れば極く僅かなものかも知れないが、心に残ったものを百景としてまとめてみた。

日本の奇勝百景
目 次

Contents

北海道
P5-P9
1 地蔵岩と桃岩
2 女郎子岩
3 親子熊岩
4 花咲灯台車石
5 鍋釣岩

東北
P10-P29
6 仏ヶ浦
7 埋没林(出来島海岸)
8 千畳敷海岸
9 日本キャニオン
10 北山崎と鵜の巣断崖(陸中海岸)
11 三王岩
12 浄土ヶ浜
13 穴通磯(碁石海岸)
14 天狗岩(石灰華ドーム)
15 大理石海岸
16 巨釜と半造
17 千畳敷(金華山)
18 嵯峨渓(奥松島)
19 男鹿半島西海岸と入道崎の岩礁
20 十六羅漢岩
21 塩俵岩
22 霊 山
23 稚児舞台
24 きのこ岩
25 塔のへつり

北陸 中部
P37-P52
33 清津峡
34 雨晴海岸
35 千体地蔵
36 ヤセの断崖と義経の舟隠し
37 岩間の噴泉塔
38 東尋坊
39 呼鳥門
40 大門(蘇洞門)
41 覚円峰(昇仙峡)
42 富士山
43 寝覚の床
44 飛水峡
45 太郎岩(鬼岩公園)
46 三四郎島(瀬浜海岸)
47 蓑掛岩
48 日出の石門

関東
P30-P36
26 中生代白亜紀層
27 天狗岩
28 妙義山石門群
29 長瀞の岩畳
30 屛風ヶ浦
31 神戸岩
32 荒崎海岸

近畿
P53-P67
49 夫婦岩(二見浦)
50 楯ヶ崎
51 鬼ヶ城と獅子岩
52 海津大崎の岩礁
53 鎌掛の屛風岩
54 屛風岩
55 天橋立
56 砂川奇勝
57 ハサカリ岩
58 玄武洞と青龍洞
59 屛風岩
60 虫喰岩
61 橋杭岩
62 海金剛(串本大島)
63 円月島(高島)

中国 四国
P68-P88
64 城原と千貫松島(浦富海岸)
65 鳥取砂丘
66 投入堂(三徳山)
67 トカゲ岩
68 日御碕柱状岩
69 羅生門
70 象 岩
71 雄橋(帝釈峡)
72 ホルンフェルス断層と高山磁石石
73 青海島海岸
74 秋吉台
75 阿波の土柱
76 千羽海崖
77 化石漣痕(宍喰浦)
78 寒霞渓
79 亀腹(面河渓)
80 御三戸嶽
81 古岩屋と礫岩峰
82 室戸岬の奇岩・怪石
83 竜串海岸
84 観音岩

九州 沖縄
P89-P104
85 芥屋大門
86 立神岩
87 七ツ釜
88 猿岩
89 ポットホール(斑島玉石甌穴)
90 石灰藻化石群
91 軍艦島(端島)
92 オッパイ岩
93 一目八景(深耶馬渓)
94 馬ヶ瀬
95 青島と鬼の洗濯板
96 鵜戸崎の奇岩
97 桜島の溶岩
98 辺戸岬と金剛石林山(安須森)
99 万座毛
100 幻の大陸(八重干瀬)

※本文解説( )内の月は撮影月を表す。

北海道

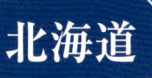

日本の奇勝百景

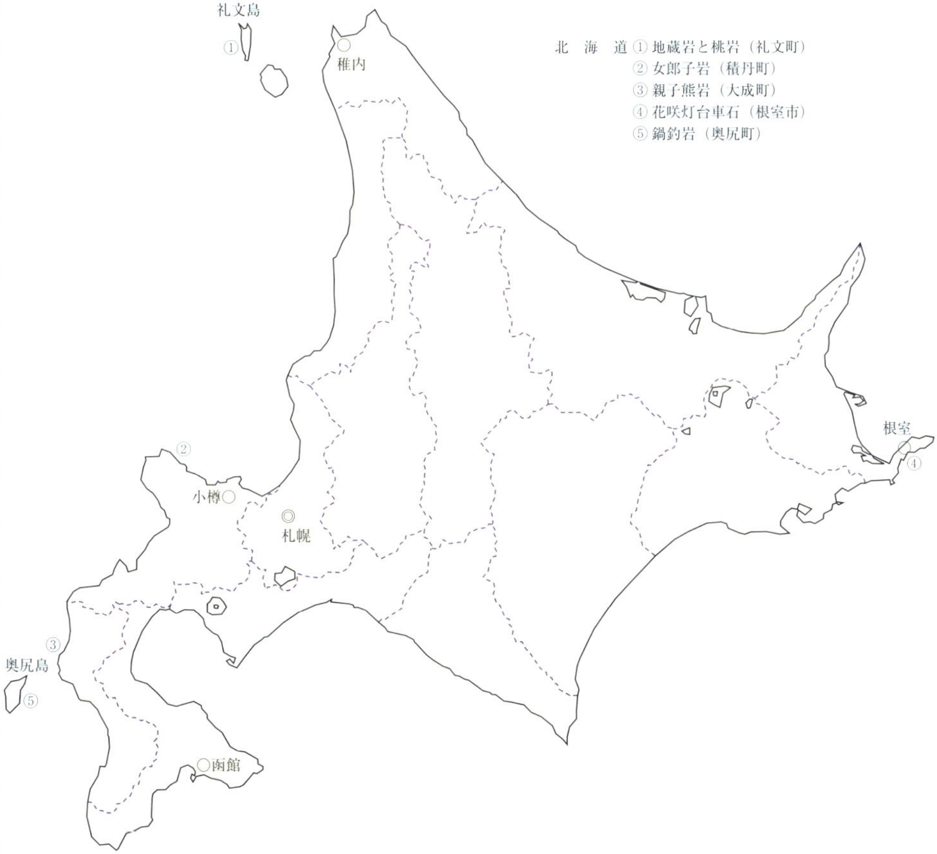

礼文島
①
稚内
北　海　道 ① 地蔵岩と桃岩（礼文町）
② 女郎子岩（積丹町）
③ 親子熊岩（大成町）
④ 花咲灯台車石（根室市）
⑤ 鍋釣岩（奥尻町）
根室
④
②
小樽
札幌
③
奥尻島
⑤
函館

地蔵岩と桃岩

北海道

 北海道礼文町

- 📞 北海道礼文郡礼文町観光協会
  01638-6-1001
- 🚌 礼文島香深港から定期観光バス・タクシー・レンタカーあり
- 🚗 香深港から元地海岸への途中分岐点直進3.5km地蔵岩駐車場、分岐点右へ1km桃岩展望台駐車場

　礼文島の南部、元地海岸北端に凝灰岩質砂岩による柱状の岩塊・地蔵岩(高さ50m)があり、集落の南寄りには球状節理が取り巻く桃岩(高さ250m)と礼文島の代表的なお花畑がある。道の天然記念物。(6月下旬)

女郎子岩(じょろうこいわ)

北海道

北海道積丹町

2

☎ 北海道積丹郡積丹町観光協会
　0135-44-3715
🚗 国道229号線野塚から道道を積丹岬方面に入り、島武意海岸駐車場から徒歩約30分

断崖絶壁の下にシララ姫の化身・女郎子岩（高さ14m）が立っている。北へ向かう途中傷ついた義経を看病した酋長の娘シララ姫の悲恋物語があるという。（7月上旬）

親子熊岩（おやこくまいわ）

北海道

3 北海道大成町

- 北海道久遠郡大成町観光協会
  01398-4-5511
- 国道229号線大成町親子熊トンネル南側道路沿い駐車場の北端

「道路のカーブごとに違う景色が展開する奇岩ロード」といわれる海岸線にはさまざまな奇岩・怪石があり、なかでも親子熊岩は天然の芸術作品である。（7月上旬）

花咲灯台車石

北海道

4　北海道根室市

☎ 北海道根室市観光協会
　01532-4-3104
🚌 JR根室本線根室駅からバス10分車石入口
　下車徒歩15分
🚗 国道44号線終点根室市から道道花咲港線
　（案内板あり）を南下、出光GS横を約1.7km
　駐車場

　根室半島花咲岬の先端、花咲灯台下の波打ち際に近い崖に世界的にも珍しいホイールストーン。車輪を思わせる最大直径6mにおよぶ放射状節理の玄武岩・花咲灯台車石がある。国の天然記念物。（7月中旬）

北海道

鍋釣岩(なべつるいわ)

☎ 北海道奥尻郡奥尻町奥尻島観光協会
　01397-2-3030
🚢 江差港または瀬棚港からフェリー、奥尻港から徒歩約20分

 北海道奥尻町

　奥尻港の南約1.5km、なべつる岩展望台前の海中に、中心部が自然浸食し空洞となって鍋の釣のように見える高さ19.5mの奇岩である。(7月上旬)

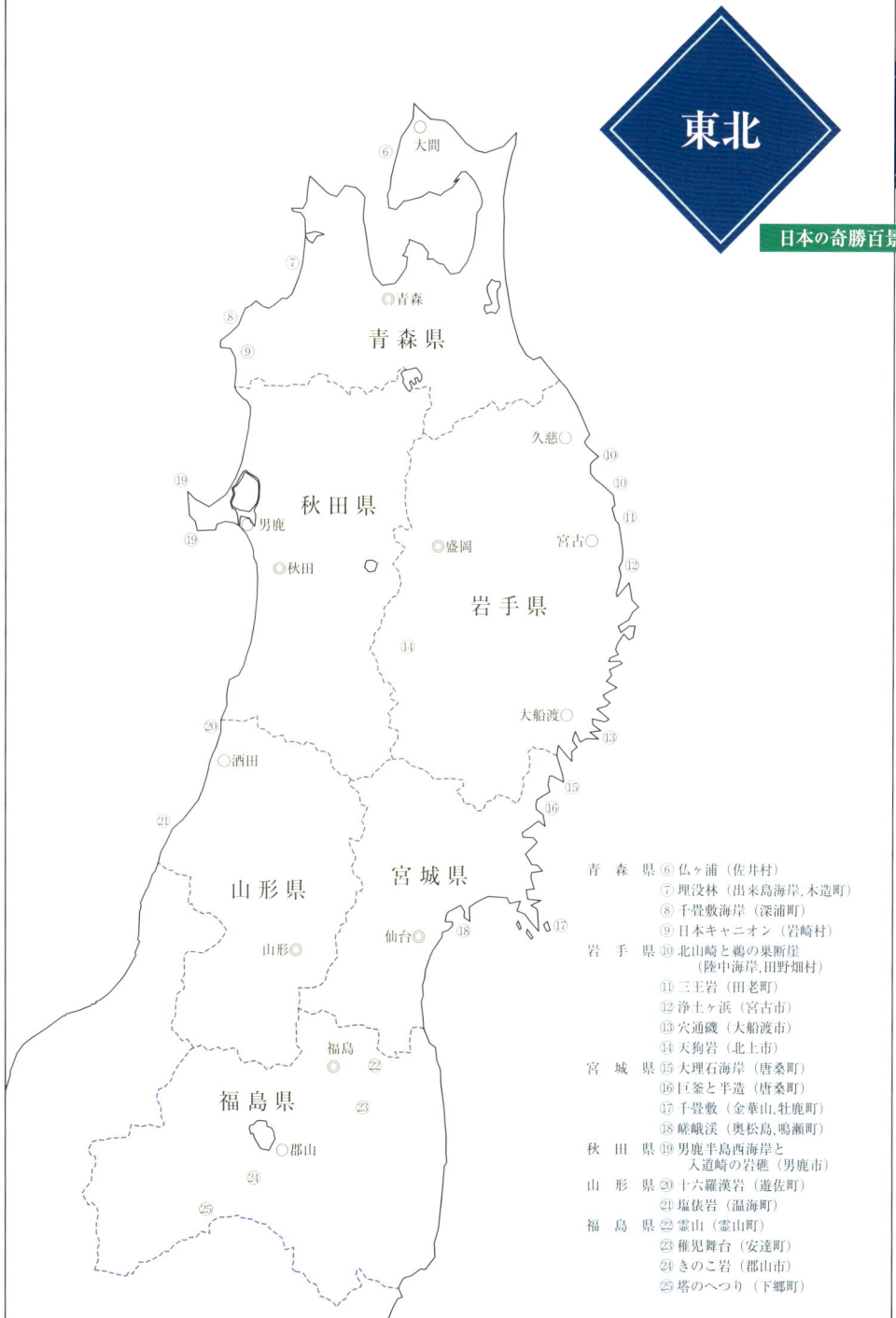

東北	**仏ヶ浦**（ほとけがうら）

6 　青森県佐井村

☎ 青森県下北郡佐井村観光協会　0175-38-4515
🚌 JR大湊線下北駅下車、下北交通むつBT（バスターミナル）経由約2時間、佐井港から仏ヶ浦観光船
🚗 下北半島先端大間町から国道338号線を佐井港から、またはさらに約36km先仏ヶ浦駐車場から徒歩、急階段を約10分

　凝灰岩が長い年月風雪と波浪に削り取られ、グレーの異様な奇岩群を見せている。国の名勝、天然記念物。（7月中旬）

埋没林（出来島海岸）

☎ 青森県西津軽郡木造町役場地域振興課
0173-42-2111
🚉 JR五能線木造駅から車20分
🚗 国道101号線木造町と鰺ヶ沢町の境界付近広域農道を十三湖方面へ約7km、左折2.2km埋没林駐車場

青森県木造町

　2万5000年前天変地異によってアカマツ・エゾマツ等の針葉樹林が埋没、現在出来島海岸に約1kmにわたって幅約30cmの泥炭層に数千本という世界最大規模のものが見られる。（7月上旬）

13

東北

千畳敷海岸
せん じょう じき かい がん

8 青森県深浦町

☎ 青森県西津軽郡深浦町観光協会
0173-74-3320
🚃 JR五能線千畳敷駅下車
🚗 国道101号線深浦町千畳敷海岸駐車場

　1792年の大地震で海床が隆起し、その後大岩盤が海食により平坦な岩浜広場となったもので、付近には動物などに似た奇岩も多い。（6月下旬）

| 東北 | 日本(にほん)キャニオン | ☎ 青森県西津軽郡岩崎村観光協会
　0173-77-2037
🚆 JR五能線十二湖駅から車5分
🚗 国道101号線十二湖入口から入り、第2駐
　車場から徒歩約20分 |

　青森県岩崎村

　十二湖の一角に位置し、崩壊浸食により白い斜面と周囲の緑とのコントラストが妙景を見せている。(7月上旬)

北山崎と鵜の巣断崖（陸中海岸）

東北

10　岩手県田野畑村

☎ 岩手県下閉伊郡田野畑村総合観光案内所
0194-33-3248

🚃 北山崎は三陸鉄道北リアス線田野畑駅から村民バス、またはタクシー約20分。鵜の巣断崖は同線島越駅からタクシー、駐車場から徒歩（平坦段）約500m

🚗 北山崎は宮古方面から国道45号線田野畑村槙木沢橋を過ぎ、信号機のある十字路を右折21km。鵜の巣断崖は国道45号線小本を過ぎ、弥生橋を渡ってすぐ右折約2.3km駐車場

　田野畑村の北端に位置する北山崎には第1〜第3展望台があり、なかでも海岸まで0.4km（718段）の途中にある第2展望台から、高さ200mにおよぶ断崖が約8kmも続く日本一の海岸美を、また村の南端にある鵜の巣断崖は高さ150mの断崖が5層に連なる絶景で、北山崎と共に隆起海岸で、優劣つけがたい地形美を見ることができる。（10月下旬）

| 東北 | 三王岩(さんのういわ) |

11 岩手県田老町

白亜期に誕生したといわれる男岩(高さ50m)を中心に女岩と太鼓岩が寄り添うように立っている。(7月中旬)

☎ 岩手県下閉伊郡田老町観光協会
0193-87-2050
🚃 三陸鉄道北リアス線田老駅からタクシー
🚗 国道45号線田老町から三王岩の案内標識に従って三王岩駐車場

東北	浄土ヶ浜(じょうどがはま)	☎ 岩手県宮古市観光協会　0193-62-3534 🚌 JR山田線宮古駅からバス15分、浄土ヶ浜下車 🚗 宮古から国道45号線を北上、浄土ヶ浜入口を右折第3駐車場から徒歩下り13分。第3駐車場横を直進すると第2、第1駐車場がある。浄土ヶ浜公園内道路は4月〜10月一般車両乗り入れ禁止。但し障害者、その他歩行困難な人が乗車している場合、第1駐車場前道路入口で通行許可証を発行
12	岩手県宮古市	

　一連の砂岩礫岩層(さがんれきがんそう)による白い岩肌を見せる岩塊と白色石英粗面岩海食地形の浜で、夏季は海水浴客も多い。県の名勝。(7月中旬)

東北

穴通磯(あなとおしいそ)(碁石海岸(ごいしかいがん))

13 岩手県大船渡市

☎ 岩手県大船渡市観光協会
0192-27-3111
🚃 JR大船渡線細浦駅からバス20分、穴通磯下車徒歩3分
🚗 国道45号線大船渡市下船渡から県道に入り、碁石海岸をまわり穴通磯駐車場徒歩3分

碁石海岸(約12km)最大の観光ポイント・穴通磯は展望台の目前にある。岩礁部には海食による三つの穴があり、遊覧船もくぐり抜ける。国の名勝、天然記念物。(7月中旬)

天狗岩(石灰華ドーム)

東北

📞 岩手県北上市観光協会
　0197-65-0300
🚌 JR東北本線北上駅からバス60分、夏油温泉下車徒歩15分
🚗 秋田自動車道北上西ICから案内板に従って県道を40分、夏油温泉駐車場徒歩15分

14 岩手県北上市

夏油川右岸にある日本最大の石灰華ドーム(高さ17.6m、下底部の径約25m、頂上部約7m)。国の特別天然記念物。(11月上旬)

東北

大理石海岸
_{だいりせきかいがん}

15　宮城県唐桑町

☎ 宮城県本吉郡唐桑町観光振興協会
　0226-32-3130
🚗 国道45号線唐桑町只越の北約2.5km、大理石海岸入口の看板を山側へ入り600m海岸駐車場

　岩井沢漁港の左前方に、約2億3000万年前のものといわれる白い大理石の岩礁が碧い海にコントラストよく点在している。（7月中旬）

東北	巨釜と半造 （おがま）（はんぞう）	☎宮城県本吉郡唐桑町観光振興協会 　0226-32-3130 🚌JR気仙沼線南気仙沼駅から御崎行きバス 　40分。巨釜半造入口下車徒歩10分 🚗国道45号線唐桑町只越から県道に入り、案 　内標識に従って巨釜半造駐車場

16　宮城県唐桑町

　唐桑半島の東側に突き出た二つの岬。巨釜には昔三陸大津波の際先端が約2m折れたという折石と呼ばれる大理石の石柱（高さ16m、幅3m）が岬の先端海上に立っており、半造は大理石の岩場が続く眺めのよいところである。（7月中旬）

東北	千畳敷（金華山） せんじょうじき　きんかさん	☎ 宮城県牡鹿郡牡鹿町観光協会 　0225-45-3456 🚢 牡鹿町鮎川港から観光船25分、金華山港から黄金山神社まで送迎バスあり 🚗 神社から奥ノ院（頂上、大海祇神社）経由片道4.3km、徒歩約110分

17　宮城県牡鹿町

　　三陸海岸南端、牡鹿半島先端約1kmの沖合いに浮かぶ全島花崗岩の金華山（周囲24km、海抜445m）。島の玄関口に近い黄金山神社から頂上経由で横断すると、目前に紺碧の海と太平洋の荒波で研磨された金華山一の景勝地といわれる千畳敷を展望することができる。近くにはコンクリートブロックを数十メートル積み重ねたような断崖・千人沢がある。健脚向き。（6月中旬）

嵯峨渓（奥松島）

東北

18　宮城県鳴瀬町

☎ 宮城県桃生郡鳴瀬町奥松島観光案内所
0225-88-2611
🚃 JR仙石線野蒜駅からタクシー、嵯峨渓遊覧船乗場または大高森展望台登山口下車
🚗 三陸自動車道鳴瀬奥松島IC、または国道45号線北上町から県道27号線に入り鳴瀬町へ、嵯峨渓東船場または大高森登山口駐車場徒歩約20分

　松島湾に浮かぶ260余りの島々は日本三景の一つとしてよく知られているが、湾の東側、宮戸島の東南端に突き出た半島・嵯峨渓は猊鼻渓（岩手県）・耶馬渓（大分県）とともに日本三代渓といわれている。宮浜から萱野崎まで約2kmの凝灰岩は太平洋の荒波と風雨に浸食され、壁画模様の崖や小島が白い岩肌と青松を自然のままに見せている。また松島の四大観の一つ、大高森山頂からは松島湾内に浮かぶ島々も展望できる。国の特別名勝。（6月中旬）

東北

男鹿半島西海岸と入道崎の岩礁

19　秋田県男鹿市

☎ 秋田県男鹿市観光協会
　 0185-24-4700
🚌 JR男鹿線男鹿駅から循環観光バス（乗り降り自由）帆掛島・大桟橋展望台・入道崎下車
🚗 国道101号線男鹿市羽立から県道男鹿半島線に入り大桟橋駐車場、男鹿温泉から約5.5km入道崎駐車場

　半島循環コース南周りの場合、舟の帆の形をした帆掛島（高さ30m、長さ4〜50m、幅5〜10m）から約5km北上すると、西海岸随一の景勝地・大桟橋付近を俯瞰できる。また半島西北端に位置する入道崎海岸は風波の浸食による岩礁群が見事である。（7月上旬）

東北

十六羅漢岩(じゅうろくらかんいわ)

20 山形県遊佐町

☎ 山形県飽海郡遊佐町役場商工観光課 0234-72-3311
🚃 JR羽越本線吹浦駅からタクシーまたは徒歩15分
🚗 国道7号線道の駅「鳥海」前から国道345号線に入り十六羅漢岩駐車場

　海禪寺第21世寛海和尚が海上安全と海難者供養のため、日本海へ流れ出た吹浦溶岩の岩形に応じ、1864年から5年の歳月をかけ22体の磨崖仏(まがいぶつ)を完成させたという。(11月上旬)

東北	塩俵岩(しおたわらいわ)

☎ 山形県西田川郡温海町観光協会
　0235-43-3547
🚆 JR羽越本線温海温泉駅からバス立岩下車
🚗 国道7号線温海町塩俵駐車場

21 山形県温海町

　暮坪橋前海側に立岩（高さ51m）があり、北400m海側駐車場横に規則的に積み上げられたような人工模様の塩俵岩や岩礁がある。（6月下旬）

27

東北

霊山(りょうぜん)

22 福島県霊山町

☎ 福島県伊達郡霊山町観光協会
024-586-3410
🚌 JR東北本線福島駅または常磐線相馬駅からバス、こどもの村入口下車
🚗 東北自動車道福島西ICから国道115号線約30km、こどもの村入口を入り駐車場

　阿武隈山系稜線の中にそそり立つ奇岩怪石の霊峰・霊山(825m)は、新緑の頃の岩ツツジ、10月中下旬の紅葉が美しい。国の史跡、名勝。(10月下旬)

東北 稚児舞台(ちごぶたい)

23 福島県安達町

☎ 福島県安達郡東和町観光協会
0243-66-2490
🚃 JR東北本線二本松駅からバス針道・木幡行き、島山下車徒歩20分
🚗 東北自動車道二本松ICから県道経由阿武隈峡入口1.2km、島山カヌーコース前駐車場

阿武隈川が蛇行した部分で奇岩怪石が多い渓谷で、東和町対岸の安達町に位置し、昔ここに機織りの神をまつり、稚児舞いを奉納したことが名称の由来という。現在県十景の一つに数えられており、島山は絶好の展望地。(10月下旬)

きのこ岩

東北 24

福島県郡山市

☎ 福島県郡山市観光協会　0249-24-2621
🚌 JR東北本線郡山駅からバス、多田野小前下車
🚗 国道4号線郡山消防署前から県道を開成山公園方面へ約8km（案内標識あり）駐車場

　浄土松公園のきのこ岩は断層によって分断された地層（凝灰岩・砂岩・頁岩等）がそれぞれ風化に対する風浸の度合いが異なり、長い年月を経てできたもの。県の名勝、天然記念物。（7月中旬）

塔のへつり

東北 25　福島県下郷町

- 福島県南会津郡下郷町観光公社　0241-67-2416
- 会津鉄道会津線塔のへつり駅下車
- 国道121号線下郷町物産館南側を入り塔のへつり前駐車場

　大川沿いに、100万年にもおよぶ長い年月浸食と風化を繰り返しできた九輪塔をはじめ、10個ほど自然の石塔が立ち並んでいる。国の天然記念物。(10月下旬)

31

関東

日本の奇勝百景

茨 城 県 ㉖ 中生代白亜紀層（ひたちなか市）
栃 木 県 ㉗ 天狗岩（塩原町）
群 馬 県 ㉘ 妙義山石門群（妙義町）
埼 玉 県 ㉙ 長瀞の岩畳（長瀞町）
千 葉 県 ㉚ 屏風ヶ浦（銚子市）
東 京 都 ㉛ 神戸岩（檜原村）
神奈川県 ㉜ 荒崎海岸（横須賀市）

| 関東 | **中生代白亜紀層** |

26 茨城県ひたちなか市

☎ 茨城県ひたちなか市商工観光課　029-273-0111
🚃 茨城交通湊線那珂湊駅からバス阿字ヶ浦行き、三ツ塚下車
🚗 常磐自動車道水戸ICから国道50・51号線・県道約25km。または東水戸道路水戸大洗ICから国道51号線塩崎左折国道245号線に入り、那珂川を渡って県道38号線を阿字ヶ浦方面へ、海岸沿いに駐車場あり

　平磯から磯崎にかけての海岸に砂岩・硯石・礫岩などの地層が海食によってできたもので、付近では7500万年前のアンモナイトの化石も発見されたという。干潮時には広い岩礁地帯となって磯遊びもできる。県の天然記念物。（6月中旬）

関東	天狗岩

27 栃木県塩原町

- 栃木県那須郡塩原町塩原温泉観光協会 0287-32-2512
- JR東北本線西那須野駅からバス福渡温泉下車
- 国道400号線福渡温泉天狗岩駐車場

　白倉山の岩盤が露出してできた三角形（高さ100m、底辺50m）の岩。健脚であれば天狗岩入口から歩道480mを約30分で登ることができる。（10月下旬）

| 関東 | 妙義山石門群 |

☎ 群馬県甘楽郡妙義町観光協会
　0274-73-2121
🚗 JR信越本線松井田駅から車
🚗 上信越自動車道松井田妙義ICから案内標識に従って石門駐車場

28　群馬県妙義町

　妙義山は耶馬渓（大分県）・寒霞渓（香川県）とともに日本三奇勝の一つに数えられており、なかでも自然造形の第一石門（写真左下、高さ約20m）から第四石門（写真右下）は見ごたえがある。（9月中旬）（11月上旬）

| 関東 | ## 長瀞の岩畳 |

29 埼玉県長瀞町

☎ 埼玉県秩父郡長瀞町観光協会
0494-66-3111
🚉 秩父鉄道長瀞駅から徒歩5分
🚗 関越自動車道花園ICから国道140号線を約18km、長瀞駅駐車場(有料)

「日本地質学発祥の地」といわれる長瀞は、荒川の浸食によって結晶片岩が露出、幅数十メートル、長さ約600mの岩石段丘(岩畳)をつくっており、断崖の間を「ライン下り」に訪れる人も多い。国の名勝、天然記念物。(11月上旬)

| 関東 | 屏風ヶ浦 |

30 千葉県銚子市

☎ 千葉県銚子市役所商工観光課
0479-24-8181
🚃 銚子電鉄外川駅下車1.5km
🚗 犬吠埼から外川漁港を経て銚子マリーナ駐車場

　銚子市名洗町から海上郡飯岡町の刑部岬の間、高さ30m〜60m、長さ約10kmにおよぶ海食崖が屏風を立てたように続く。ドーバー海峡の白い崖に似ていることから東洋のドーバーと呼ばれている。（7月中旬）

関東

神戸岩(かのといわ)

31 東京都檜原村

☎ 東京都西多摩郡檜原村観光協会
042-598-0069
🚃 JR五日市線武蔵五日市駅から藤倉・小岩行きバス神戸岩入口下車、徒歩40分
🚗 中央自動車道八王子ICからサマーランド方面へ、五日市から都道33号線檜原村役場右折約3.5km神戸岩入口右折約2.5km、神戸岩駐車場

　高さ約100mの岩が地殻の変動によって左右二つに分かれたもので、間の谷底(幅約4m)には滝や甌穴(かめあな)もある。都の天然記念物。(10月下旬)

関東

荒崎海岸
あらさきかいがん

32　神奈川県横須賀市

☎ 神奈川県横須賀市観光協会
0468-22-4000
🚃 京浜急行久里浜線三崎口駅からバス30分、荒崎下車
🚗 鎌倉方面から国道134号線約17km荒崎入口右折約4km、駐車場

　白い砂岩層と黒い凝灰岩層による縦縞模様に圧縮された大自然の作品的海岸。遊歩道の先には褶曲模様を見せる弁天島がある。(4月上旬)

北陸・中部

北陸 中部

日本の奇勝百景

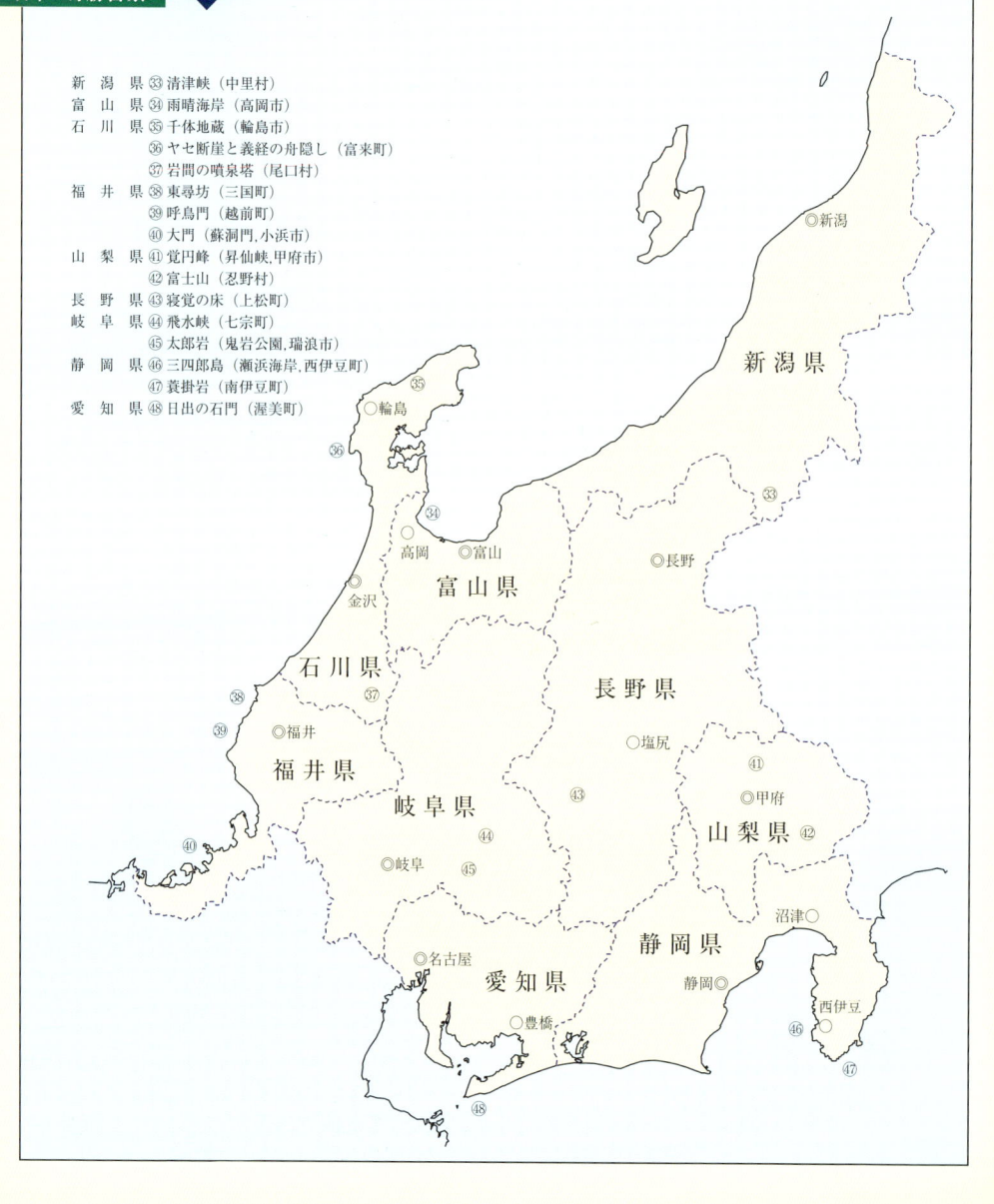

新 潟 県 ㉝ 清津峡（中里村）
富 山 県 ㉞ 雨晴海岸（高岡市）
石 川 県 ㉟ 千体地蔵（輪島市）
　　　　　㊱ ヤセ断崖と義経の舟隠し（富来町）
　　　　　㊲ 岩間の噴泉塔（尾口村）
福 井 県 ㊳ 東尋坊（三国町）
　　　　　㊴ 呼鳥門（越前町）
　　　　　㊵ 大門（蘇洞門,小浜市）
山 梨 県 ㊶ 覚円峰（昇仙峡,甲府市）
　　　　　㊷ 富士山（忍野村）
長 野 県 ㊸ 寝覚の床（上松町）
岐 阜 県 ㊹ 飛水峡（七宗町）
　　　　　㊺ 太郎岩（鬼岩公園,瑞浪市）
静 岡 県 ㊻ 三四郎島（瀬浜海岸,西伊豆町）
　　　　　㊼ 蓑掛岩（南伊豆町）
愛 知 県 ㊽ 日出の石門（渥美町）

清津峡
きよつきょう

北陸・中部 33 新潟県中里村

- ☎ 新潟県中魚沼郡中里村観光協会 0257-63-3111
- 🚈 JR飯山線越後田沢駅または上越新幹線越後湯沢駅から車
- 🚗 国道117号線中里村山崎または国道17号線塩沢町石打から国道353号線に入り清津峡入口から約1.5km、駐車場

　清津峡渓谷トンネル入坑口(料金所)から途中第一〜第三見晴所では険しい渓谷の壁面、終点(750m)パノラマステーションからの峡谷両岸の展望は、高さ50m〜100mの柱状節理で形成された断崖がせまり、その景勝は黒部峡谷(富山県)・大杉峡谷(三重県)とともに日本三大峡谷の一つに数えられている。国の名勝、天然記念物。(9月中旬)

北陸・中部

雨晴海岸(あまはらしかいがん)

34 富山県高岡市

☎ 富山県高岡市観光物産課
0766-20-1301
🚃 JR氷見線雨晴駅下車徒歩5分
🚗 能越自動車道高岡ICから20分または国道415号線、雨晴海岸観光駐車場

　万葉の歌人・大伴家持が詠んだ「渋谿(しぶたに)」(万葉集巻17・3954)は雨晴海岸のことで、広く知られており、富山湾越しに3,000m級の立山連峰が屏風を立てたような山々の景観はすばらしい。展望時期として11月〜3月ごろがよい。(1月上旬)

北陸・中部

千体地蔵(せんたいじぞう)

35 石川県輪島市

☎ 石川県輪島市観光協会
0768-22-6588
🚋 JR北陸本線金沢駅から特急バス輪島駅前経由曽々木口下車徒歩約50分
🚗 国道249号線窓岩から0.5km、山側に駐車場、徒歩約40分(0.6km)

　米倉山(357m)の険しい山道の途中を右折、突き当たりに流紋岩と安山岩の岩肌が風化浸食され、節理が丸みをおび石仏が林立しているように見える。(5月中旬)

ヤセの断崖と義経の舟隠し

北陸・中部

36 石川県富来町

- ☎ 石川県羽咋郡富来町観光協会 0767-42-1111
- 🚃 JR北陸本線金沢駅から特急バス富来行き終点乗換えヤセの断崖下車
- 🚗 国道249号線富来町中浜または深谷から県道49号線に入り、ヤセの断崖駐車場

　ヤセの断崖（35m）は身を投じる人が後をたたないほどの絶壁。義経の舟隠しは南へ約0.4km。義経が奥州へ下る途中おりからの荒波を避けるため岩場の細い入江に48隻の舟を隠したところである。（5月中旬）

岩間の噴泉塔

北陸・中部

37 石川県尾口村

- ☎ 石川県石川郡尾口村役場 07619-6-7011
- 🚌 北陸鉄道石川線鶴来駅からバス中宮温泉口下車、徒歩5km新岩間温泉
- 🚗 小松市方面から国道360号線鳥越村経由白山スーパー林道入口分岐、新岩間温泉前駐車場、徒歩

　新岩間温泉から林道を約3km（徒歩約1時間）岩間温泉元湯の上方左折、山道を1.9km（40分）中ノ川左岸に噴泉群があり、大きいもので約2m、先端から熱泉を噴き出し、付近の川底一帯から70℃以上の温泉が湧き出している。国の特別天然記念物。（10月中旬）

北陸・中部

東尋坊（とうじんぼう）

38 福井県三国町

☎ 福井県坂井郡三国町観光協会
　0776-82-5515
🚃 JR北陸本線芦原温泉駅からバス東尋坊下車
🚗 北陸自動車道丸岡ICまたは金津ICから国道
　305号線芦原から県道7号線に入り東尋坊
　駐車場

　約1kmにわたる海食による荒々しい岩場。町の案内によれば「これほど大規模な輝石安山岩の柱状節理は世界で三ヶ所（韓国の金剛山・ノルウェーの西海岸）の中に数えられる」という。国の天然記念物。（11月上旬）

北陸・中部 呼鳥門
（こちょうもん）

39 福井県越前町

☎ 福井県丹生郡越前町観光協会
　0778-37-1234
🚃 JR北陸本線福井駅下車、徒歩5分福井駅バス停から越前海岸行き呼鳥門下車
🚗 国道305号線越前町の北端、呼鳥門バス停付近駐車場

　旧国道305号線上に人工の呼鳥門トンネルと、その上方の大きな岩盤が海になだれ込むようにせり出した呼鳥門（高さ約15m、幅約30m）がダブルトンネルを形成している。現在国道は呼鳥門手前の新しいトンネルを通っている。（6月中旬）

大門(蘇洞門)

40 福井県小浜市

☎ 福井県小浜市若狭フィッシャーマンズワーフ 0770-52-3111
🚃 JR小浜線小浜駅または湖西線近江今津駅からJRバス小浜駅下車遊覧船乗場
🚗 国道27号線小浜市若狭フィッシャーマンズワーフ駐車場

　若狭湾に突き出た内外海半島先端北側の海岸、花崗岩が数千年の歳月にわたり日本海の激しい風波の浸食によってできた奇岩や洞門などが6km続くほぼ先端に小門大門がある。国の名勝。(8月中旬)

北陸・中部

覚円峰（昇仙峡）
かくえんぽう　しょうせんきょう

☎ 山梨県甲府市観光協会
　0552-37-1161
🚌 JR中央本線甲府駅からバス45分昇仙峡下車
🚗 中央自動車道甲府ICから約20分、昇仙峡県営駐車場

41　山梨県甲府市

　昇仙峡は奇岩奇石の景勝地として名高い。覚円峰は上流部右岸の主峰で、覚円が頂上で修業したと言い伝えられている。国の特別名勝。（9月中旬）

49

北陸・中部

富士山

42 山梨県忍野村

☎ 山梨県南都留郡忍野村観光協会
0555-84-4222
🚌 JR御殿場線御殿場駅、または富士急行富士急行線富士吉田駅からバス忍野入口下車
🚗 東名高速道路御殿場ICまたは中央自動車道河口湖ICから国道138号線忍野入口を入る

　世界に誇る日本のシンボル富士山（剣ヶ峯3,776m）は山梨・静岡両県に広がり、周辺関係市町村も多く展望場所も広範囲である。忍野の場合美しい富士を見るのには、秋から冬にかけ晴れた日の「日の出前から10時頃まで」がよいといわれている。国の特別名勝。
（1月中旬）

寝覚の床

北陸・中部

43　長野県上松町

- ☎ 長野県木曽郡上松町観光協会　0264-52-2001
- 🚃 JR中央本線上松駅からバスまたは徒歩約15分
- 🚗 中央自動車道中津川ICまたは長野自動車道塩尻ICから国道19号線を約50km、町営駐車場

花崗岩の角張った巨石・奇岩で木曽川を挟むように構成された自然からのおくりもの。木曽八景の一つにも数えられ、浦島太郎が寝覚めたという伝説もある。（9月上旬）

北陸・中部

飛水峡(ひすいきょう)

44 岐阜県七宗町

☎ 岐阜県加茂郡七宗町役場企画開発課
　0574-48-1111
🚃 JR高山本線上麻生駅から徒歩15分
🚗 名古屋方面から国道41号線七宗橋を過ぎ、
　七宗第一トンネルの先、駐車場

飛騨川のうちもっとも神秘的な峡谷。激流が悠久の時をかけつくり上げた甌穴群、なかでも左岸の奇岩怪石がおりなす付近には横穴型の壺状になった甌穴が現在流れている水面より約20mも上方にある。国の天然記念物。(9月上旬)

太郎岩（鬼岩公園）

北陸・中部

45　岐阜県瑞浪市

☎ 岐阜県瑞浪市観光協会
　0572-67-2222
🚃 JR中央本線瑞浪駅からタクシー20分
🚗 中央自動車道土岐ICから国道21号線を約6km、鬼岩公園駐車場

木曽川に注ぐ可児川の源に数千万年の風雪に洗われた花崗岩の巨石怪石がそびえており、なかでも太郎岩や蓮華岩は壮大なものである。（8月上旬）

三四郎島（瀬浜海岸）

46 静岡県西伊豆町

☎ 静岡県賀茂郡西伊豆町観光協会
0558-52-1268
🚃 伊豆箱根鉄道駿豆線修善寺駅から松崎方面行きバス瀬浜（三四郎島）下車
🚗 国道136号線瀬浜、海側に展望台と駐車場

北陸・中部

　堂ヶ島海岸天窓洞の北約1kmにある三四郎島は、わが国でも珍しく潮の干満によって幅約30m、長さ200mの瀬が現れたり消えたりするトンボロ（陸繋島）現象が見られる。時期的には3月〜9月頃、昼間の干潮時がよい。とくに旧暦15日（大潮）が最もよく潮干狩も楽しめる。県の天然記念物。（1月中旬）（6月中旬）

蓑掛岩

静岡県賀茂郡南伊豆町観光協会
0558-62-0141
伊豆急行線下田駅からバス石廊崎行き大瀬下車
国道136号線日野から県道を石廊崎方面へ約8km、大瀬漁港駐車場

北陸・中部

47　静岡県南伊豆町

　伊豆半島先端石廊崎の手前大瀬海岸に、風波の浸食による奇岩群が立ち並ぶ蓑掛島。干潮時には近くまで歩いて行くことができる。（4月中旬）

北陸・中部

日出の石門(ひいのせきもん)

48 愛知県渥美町

☎ 愛知県渥美郡渥美町観光協会
　0531-33-1111
🚃 豊橋鉄道渥美線三河田原駅からバス伊良湖石門または石門口下車
🚗 豊橋市から国道259号線約45km、日出園地駐車場

　渥美半島先端伊良湖岬の近く、堆積岩でできた岩島で太平洋の荒波に浸食され海倉洞が生じた沖の石門と岸の石門があり、日出園地には島崎藤村作詞「椰子の実」の詩碑と歌碑がある。(4月中旬)(6月中旬)

近畿

日本の奇勝百景

三　重　県 ㊾ 夫婦岩（二見浦,二見町）
(50) 楯ヶ崎（熊野市）
(51) 鬼ヶ城と獅子岩（熊野市）
滋　賀　県 (52) 海津大崎の岩礁（マキノ町）
(53) 鎌掛の屏風岩（日野町）
京　都　府 (54) 屏風岩（京丹後市）
(55) 天橋立（宮津市）
大　阪　府 (56) 砂川奇勝（泉南市）
兵　庫　県 (57) ハサカリ岩（竹野町）
(58) 玄武洞と青龍洞（豊岡市）
奈　良　県 (59) 屏風岩（曽爾村）
和 歌 山 県 (60) 虫喰岩（古座川町）
(61) 橋杭岩（串本町）
(62) 海金剛（串本大島,串本町）
(63) 円月島（高島,白浜町）

近畿

夫婦岩（二見浦）

☎ 三重県度会郡二見町二見浦観光協会
0596-43-2331
🚉 JR参宮線二見浦駅から徒歩20分
🚗 伊勢二見鳥羽ライン二見JCT料金所から国道42号線に入る（案内標識あり）

49 三重県二見町

　大注連縄で結ぶ男岩（高さ9m）と女岩（高さ4m）の間に、夏至の頃は日の出を、また12月から1月にかけて満月の前後には月の出を見ることができる。（6月下旬）

| 近畿 | 楯ヶ崎(たてがさき) |

50 三重県熊野市

☎ 三重県熊野市観光協会
　05978-9-0100
🚉 JR紀勢本線二木島駅下車徒歩90分
🚗 国道42号線熊野市大泊から国道311号線に入り約18km、駐車場、徒歩1.9km

　二木島湾口に位置し、周囲600m、高さ80m柱状節理の花崗岩斑岩を熊野灘に向けて楯を並べたように立つ大絶壁の島。県の名勝、天然記念物。(11月上旬)

| 近畿 | 鬼ヶ城と獅子岩 |

51 三重県熊野市

☎三重県熊野市観光協会
　05978-9-0100
🚃鬼ヶ城はJR紀勢本線熊野市駅からバス鬼ヶ城東口下車
🚃獅子岩は同駅から南へ0.8km
🚗鬼ヶ城は国道42号線鬼ヶ城北側から海側へ約200m東口駐車場。
　獅子岩は市役所の南、国道沿い海側駐車場

　鬼ヶ城は海風食と数回の大地震で隆起した石英粗面岩の大岩壁と洞窟。国の名勝、天然記念物。獅子岩は鬼ヶ城から南へ約1.5km離れた国道沿い海側にあり、鬼ヶ城同様の現象によって生まれた高さ25m、周囲210mの巨岩。国の天然記念物。(10月上旬)

近畿

海津大崎の岩礁
かい　つ　おお　さき　　　かん　しょう

☎滋賀県高島郡マキノ町観光協会
　0740-28-1188
🚃JR湖西線マキノ駅から車5分
🚗国道161号線海津交差点から県道に入り約
　4kmトンネルとトンネルの間、湖側駐車場

52 滋賀県マキノ町

　周辺は桜も多く植えられており、開花の季節には沖に浮かぶ竹生島とともにその眺めは美しく、琵琶湖八景の一つに数えられている。但し桜の開花時期にはマイカー・バスで大変混雑する。（9月下旬）

近畿

鎌掛の屏風岩
かいがけ の びょうぶ いわ

53 滋賀県日野町

☎ 滋賀県蒲生郡日野町観光協会
0748-52-1211
🚌 近江鉄道本線日野駅から町営バス（日・祝・休日運休）鎌掛下車、1.3km
🚗 国道307号線日田交差点をバイパス方面へ1.2km橋を渡って東へ約3km、正法寺駐車場

　城山の西南西に大岩石（長さ約30m、高さ9m、厚さ約4m）が横たわり、珪化した砂岩と泥岩が3〜5cmほどの互層に黒灰色と灰白色の幾何学的縞模様を見せている。国の天然記念物。（9月下旬）

近畿	屏風岩

54 京都府京丹後市

- 京都府京丹後市観光協会 0772-75-0437
- 北近畿タンゴ鉄道宮津線峰山駅からバス間人行き終点乗換え経ヶ岬行き筆石下車
- 丹後町「道の駅」東方国道178号線筆石バス停(展望台)、駐車場なし

国道脇の筆石公会堂から国道をくぐり約0.2km下った海岸に、高さ13mの奇岩を筆頭に数個の岩が屏風を立てたように並んでいる。(4月下旬)

近畿

天橋立

55 京都府宮津市

☎ 京都府宮津市天橋立観光協会
　0772-22-0670
🚃 北近畿タンゴ鉄道宮津線天橋立駅下車、文珠は徒歩。傘松公園は船で一の宮、または駅前からバス傘松ケーブル下下車ケーブル
🚗 国道178号線宮津から岩滝町経由府中ケーブル下駐車場

　天橋立は野田川から流れ出る土砂を日本海の荒波が堰きとめてできた砂嘴で、宮津湾と阿蘇の海を区切るように伸び約8000本の松が自生。大天橋(長さ2,410m)・小天橋(810m)・第二小天橋(410m)と続き、幅は最大170m(大天橋)・最小7m(第二小天橋)、文珠から小天橋に入り大天橋を通り江尻まで約3.2kmの府道(日本の道百選)で構成された美しい公園である。展望場所は駅側の文珠(ビューランド)と対岸の府中(傘松公園)の2か所あり、「股のぞき」も有名。松島(宮城県)・宮島(広島県)と並んで日本三景の一つに数えられている。国の特別名勝。(7月中旬)

近畿

砂川奇勝(すながわきしょう)

56 大阪府泉南市

- ☎ 大阪府泉南市役所地域振興課 0724-83-0001
- 🚋 JR阪和線砂川駅下車徒歩20分
- 🚗 国道26号線泉佐野市樫井交差点から約4km、駐車場なし(樫井〜新井・府道30号線砂川東交差点左折0.5km左側「砂川第6地区案内図」に掲載)

　砂岩が風化した崩土が積もり再び隆起してできたもので、付近からは数万年前の貝や魚の骨の化石が出土しているという。現在周辺は住宅地に囲まれわかりにくい。(10月上旬)

近畿	ハサカリ岩	☎ 兵庫県城崎郡竹野町観光協会 0796-47-1080
		🚃 JR山陰本線竹野駅からバス切浜下車、0.5km
		🚗 県道11号線切浜海水浴場西0.5km須井トンネル手前海側、駐車場なし

57 兵庫県竹野町

　トンネル東入口の海側にあって、トンネルがつくられた際上部の岩が転げ落ち、突き出た岩に挟まれたものである。国の天然記念物。（4月下旬）

近畿

玄武洞と青龍洞

兵庫県豊岡市

58

- 兵庫県豊岡市観光協会 0796-23-1111
- JR山陰本線城崎駅からタクシー
- 円山川左岸、豊岡市堀川橋渡り左折（案内板あり）約5km、玄武洞駐車場

　玄武岩は断面がほぼ正六角形でその一辺と層の厚さはほぼ同じ長さの岩石。幾つも積み重なってできた六角の柱状節理、並び方は縦横斜位に自然の彫刻を見せている。国の天然記念物。（10月中旬）

近畿

屏風岩(びょうぶいわ)

奈良県曽爾村

59

☎ 奈良県宇陀郡曽爾村むらづくり推進課
0745-94-2101
🚌 近鉄大阪線名張駅東口からバス乗り継ぎ長野下車3.3km
🚗 国道369号線名張市夏見から県道曽爾線に入り、長野バス停(案内板あり)前から屏風岩駐車場

　屏風岩公苑(標高936m)は桜と紅葉の美しいところ。目前に高さ約200mの柱状節理を含む岩壁が約1.5kmも続く壮大な景観。国の天然記念物。(10月下旬)

近畿

虫喰岩

60 和歌山県古座川町

☎ 和歌山県東牟婁郡古座川町観光協会
　0735-72-0180
🚉 JR紀勢本線古座駅から車
🚗 国道42号線古座町から古座川左岸を約2km古座川町役場前右折1.6km、駐車場

巨大な石英粗面岩が風化によって大小無数の蜂巣状の穴ができ、奇怪な様相を見せている。国の天然記念物。（10月上旬）

| 近畿 | **橋杭岩**
<small>はし くい いわ</small> | ☎和歌山県西牟婁郡串本町観光協会
　0735-62-3171
🚃JR紀勢本線串本駅からバス橋杭岩下車
🚗国道42号線串本町海側に橋杭岩駐車場 |

61 和歌山県串本町

　串本町東北端の海岸から大島に向かって延長850m、風波の浸食によって岩の硬い部分だけが残り、大小40余りの奇岩が一列に橋の杭のように並んでいる。国の名勝、天然記念物。（6月中旬）(10月上旬)

| 近畿 | 海金剛（串本大島）

62 和歌山県串本町

☎ 和歌山県西牟婁郡串本町観光協会
　0735-62-3171
🚃 JR紀勢本線串本駅からバス樫野灯台行き樫野下車
🚗 国道42号線潮岬東入口から串本大橋を渡り鷹の巣園地駐車場

　橋杭岩沖合の大島（周囲約26km、東西約8km）の東端鷹の巣園地の海金剛は、ピラミッド形や獅子頭に似た数々の岩礁が多く美しいところ。（1月中旬）

近畿

円月島（高島）
えんげつとう　たかしま

63　和歌山県白浜町

☎ 和歌山県西牟婁郡白浜町観光協会
　0739-43-5511
🚌 JR紀勢本線白浜駅からバス臨海下車徒歩5分
🚗 国道42号線田辺市から白浜方面へ県道を直進（案内標識あり）、駐車場なし

　白浜温泉のシンボル（全長130m、幅35m、高さ25m）。島のほぼ中央に高さ9m幅8mのやや楕円形の穴があいており、夕日が海面を染める頃の情景は格別。（10月上旬）

中国
四国

日本の奇勝百景

鳥 取 県 ⑥城原と千貫松島（浦富海岸, 岩美町）
　　　　　⑥鳥取砂丘（福部村）
　　　　　⑥投入堂（三徳山, 三朝町）
島 根 県 ⑥トカゲ岩（布施村）
　　　　　⑥日御碕柱状岩（大社町）
岡 山 県 ⑥羅生門（新見市）
　　　　　⑦象岩（倉敷市）
広 島 県 ⑦雄橋（帝釈峡, 東城町）
山 口 県 ⑦ホルンフェルス断層と高山磁石石（須佐町）
　　　　　⑦青海島海岸（長門市）
　　　　　⑦秋吉台（秋芳町）

徳 島 県 ⑦阿波の土柱（阿波町）
　　　　　⑦千羽海岸（日和佐町）
　　　　　⑦化石漣痕（宍喰浦, 宍喰町）
香 川 県 ⑦寒霞渓（内海町）
愛 媛 県 ⑦亀腹（面河渓, 面河村）
　　　　　⑧御三戸嶽（美川村）
　　　　　⑧古岩屋と礫岩峰（久万町）
高 知 県 ⑧室戸岬の奇岩怪石（室戸市）
　　　　　⑧竜串海岸（土佐清水市）
　　　　　⑧観音岩（大月町）

中国・四国

城原と千貫松島（浦富海岸）

64 鳥取県岩美町

- 鳥取県岩美郡岩美町観光協会 0857-72-3481
- JR山陰本線岩美駅または鳥取駅からバス
- 国道9号線岩美町から浦富海岸方面へ入り、海岸を左折県道155号線を西へ城原海岸駐車場。千貫松島は網代港先端に駐車、徒歩で集落を通過

　菜種島（周囲400m、高さ60m）をはじめ、数個の島々と激しい風波を受けてできた美しい奇岩が点在し、浦富海岸のなかでも勝れた景勝の地である。西端には約300年前、鳥取藩主池田綱清が「わが庭にこの岩つきの松を植えた者には銀千貫を呈す」と言った「千貫松島」（周囲50m、高さ25m）がある。（10月下旬）

鳥取砂丘

中国・四国
65　鳥取県福部村

☎ 鳥取県岩美郡福部村観光協会
　0857-75-2124
🚃 JR山陰本線鳥取駅からバス鳥取砂丘下車徒歩5分
🚗 京都方面から：国道9号線浦富海岸入口を通過約1km右側GS前右方向砂丘道路約5km、駐車場。米子・山陽方面から：国道9号線覚寺左折県道265号線砂丘東口経由砂丘道路を北へすぐ、砂丘駐車場

　数万年の歳月をかけ生まれた鳥取砂丘（東西16km、南北2.4km、高低差92m）は砂が乾燥している場合、風速5～6mの風で転がったり跳ねたりする細粒から中粒砂（0.125～0.4mm）によってできるさざ波模様の「風紋」や急斜面を滑り落ちる「砂簾」、また強風や激しい雨に打たれたときにできる「砂柱」などさまざまな天然の芸術作品が見られる。国の天然記念物。(10月上旬)

中国・四国

投入堂（三徳山）

66 鳥取県三朝町

☎ 鳥取県東伯郡三朝町三朝温泉観光協会
0858-43-0431
🚌 JR山陰本線倉吉駅からバス三徳山下車徒歩約1時間
🚗 国道179号線三朝町から県道21号線約13km、三徳山駐車場

　706年役行者が法力で断崖絶壁（標高470m）の岩屋に投げ入れたという舞台造りのお堂。現存する神社本殿形式の建築物としては日本最古のもので「世界遺産」の声もある。本堂から投入堂前までは道らしい道はなく、急斜面の岩場とむき出しになった樹根を摑みよじ登る。健脚向き。国宝。（10月上旬）

| 中国・四国 | トカゲ岩 |

67 島根県布施村

☎ 島根県隠岐郡布施村観光協会
　08512-7-4034
🚌 西郷港からバス布施下車、さらに車15分
🚗 西郷町から東海岸経由布施村自然回帰の森
　入口から中谷林道を4.5km、終点駐車場

「自然回帰の森」遊歩道を150m、あずまやのある展望台の北方約600m。標高530mの山の斜面を登るようにアルカリ性響岩質粗面斑岩でできたトカゲそっくりの岩（長さ26m）。（9月中旬）

中国・四国

日御碕柱状岩
（ひのみさきちゅうじょうがん）

68 島根県大社町

☎ 島根県簸川郡大社町観光協会
0853-53-2298
🚃 JR山陰本線出雲市駅からバス45分終点日御碕下車
🚗 国道9号線出雲市白枝から県道に入り出雲大社前を通り日御碕駐車場

　石積みの灯台として東洋一（1903年、地上44m、内部163段の上に展望台）を誇る白亜の灯台付近一帯は切り口が五角形あるいは六角形の細く美しい幾何学模様の柱状岩断崖地形を見ることができる。（8月下旬）

| 中国・四国 | **羅生門**（らしょうもん） | ☎岡山県新見市観光協会
　0867-72-2139
🚅JR伯備線井倉駅からバス羅生門入口下車、
　1.6km
🚗国道180号線井倉峡入口（案内板あり）から
　県道を9km、駐車場、0.3km |

69 岡山県新見市

標高400m草間台の窪地にある石灰岩アーチで、第一門（高さ38m、幅17m）から第四門まであるが、現在自然保護のため第一門から先は立入禁止となっている。国の天然記念物。（11月中旬）

中国・四国

象岩
ぞう いわ

70 岡山県倉敷市

☎ 岡山県倉敷市観光振興課
　086-426-3411
🚃 JR瀬戸大橋線児島駅からバス下津井公民館前下車、船
🚗 倉敷市内から鷲羽山方面への途中、下津井公民館前、象岩亭駐車場　※島への定期便がないので民宿象岩亭(086-479-8527)に連絡、送迎船あり

下津井港沖3kmに浮かぶ六口島の波打ち際に風波の浸食によりできた岩（高さ8m）。満潮時には海水に戯れているように見える。国の天然記念物。（11月中旬）

中国・四国

雄橋(帝釈峡)

71 広島県東城町

☎ 広島県比婆郡東城町帝釈峡観光協会
08477-2-0525
🚃 JR芸備線東城駅から車で上帝釈、徒歩30分
🚗 中国自動車道東城ICから庄原方面へ県道23号線、帝釈トンネルを出た所に帝釈峡駐車場

　渓水の浸食作用によってできた「雄橋」(長さ約90m、幅約19m、高さ40m)は川の水面より橋の裏面まで約18mあり、プレビシュ(スイス)、ロックブリッジ(北米)と並んで世界三大天然橋の一つといわれている。国の天然記念物。(11月下旬)

中国・四国	ホルンフェルス断層と 高山磁石石	☎ 山口県阿武郡須佐町観光協会 　08387-6-2219 🚉 JR山陰本線須佐駅からタクシーで断層へは 　約8分、磁石石へは約20分 🚗 国道191号線と315号線の合流付近を海側 　へ、断層は直進、磁石石は途中右折坂道を上 　り高山駐車場
72	山口県須佐町	

　ホルンフェルス断層は、縞状の一つの層が約500年、ほぼ連続して観察できる天然の教科書である。磁石石は高山(532.8m)頂上展望台横に斑れい岩が数個露出し、その中央部分の巨石の上に方位磁石を置くと指針が定まらず強い磁気をおびていることがわかる。国の天然記念物。（9月下旬）

青海島海岸

中国・四国 73 山口県長門市

☎ 山口県長門市観光協会 0837-22-8404
🚍 JR山陰本線長門市駅または仙崎駅からバス青海島静が浦下車
🚗 国道191号線青海大橋を渡り船越キャンプ場前駐車場

遊歩道沖合の奇岩怪石には、十六羅漢をはじめそれぞれ名付けられた岩礁群があり、北長門海岸国定公園の代表的景勝地である。国の名勝、天然記念物。(8月中旬)

中国・四国

秋吉台
あきよしだい

74 山口県秋芳町

☎ 山口県美祢郡秋芳町観光協会
　0837-62-0115
🚌 JR美祢線美祢駅からバス25分秋芳洞下車
🚗 中国自動車道美祢ICから国道435号線（案内標識あり）、秋芳町営駐車場

草原一面に散在する石灰岩、日本最大（面積4,502ha）のカルスト台地である。展望台またはカルストロードからその広大さがわかる。この地下100mには東洋一の大鍾乳洞・秋芳洞がある。国の特別天然記念物。（9月下旬）

阿波の土柱

中国・四国

75 徳島県阿波町

☎ 徳島県阿波郡阿波町観光協会
　0883-35-2818
🚃 JR徳島線阿波山川駅からタクシー10分
🚗 国道192号線山川から県道に入り阿波町役場付近から案内標識に従って土柱駐車場

　風雨の浸食によってつくり上げられた土の芸術、ワイオミング（アメリカ）、チロル（オーストリア）とともに世界三大奇勝に数えられているという。国の天然記念物。（3月下旬）

千羽海岸
徳島県日和佐町

- 徳島県海部郡日和佐町役場企画観光課 0884-77-1111
- JR牟岐線日和佐駅から徒歩約30分
- 国道55号線日和佐町の南阿波サンライン入口の手前左折、森林組合横から入り駐車、遊歩道あり

大磯から約2km続く高さ200m前後の海食崖。なかでも通り岩（高さ20m、下部の洞窟は幅高さとも約10m、長さ20m）付近からの眺めは千羽海岸を代表するものである。（3月下旬）

中国・四国

化石漣痕（宍喰浦）

77 徳島県宍喰町

☎ 徳島県海部郡宍喰町役場商工観光課
　0884-76-3111
🚉 阿佐海岸鉄道宍喰駅から徒歩20分
🚗 徳島方面から国道55号線宍喰大橋を渡り左折国道をくぐりすぐ左側駐車場

　4000万年以上前のものと推定されるさざ波模様の舌状漣痕が道路脇の山の壁面に高さ30m、幅20m、側面からは薄層が幾重にも見られる。国の天然記念物。（3月下旬）

中国・四国

寒霞渓
78 香川県内海町

- ☎ 香川県小豆郡土庄町小豆島観光協会 0879-62-5300
- 🚌 土庄港からバス寒霞渓線寒霞渓下車または神懸線紅雲亭下車
- 🚗 土庄港からスカイライン経由寒霞渓山頂駐車場

　小豆島（周囲126km）の中央部に位置し、東西8km、南北4kmにわたる、集塊岩が風雨に浸食され、奇岩が露出した瀬戸内海国立公園の代表的景勝地。（11月下旬）

中国・四国

亀腹(かめばら)（面河渓(おもごけい)）

79 愛媛県面河村

☎ 愛媛県上浮穴郡面河村役場産業観光課
0892-58-2111
🚃 JR予讃線松山駅または伊予鉄道松山市駅からバス久万行き終点久万乗り換え石鎚・土小屋行き面河下車徒歩
🚗 国道33号線御三戸交差点から美川村役場前を約24km、面河渓駐車場

　西日本最高峰石鎚山(1,982m)の南麓に位置し、原生林におおわれた四国最大の渓谷。駐車場の目前に巨大な亀の腹に似た断崖絶壁(高さ100m、幅200m)。その上流には白い岩石の蓬来渓。淵や奇岩が続く探勝地である。国の名勝。(10月中旬)

中国・四国

御三戸嶽

80 愛媛県美川村

- 愛媛県上浮穴郡美川村役場企画観光課
  0892-56-0211
- JR予讃線松山駅または伊予鉄道松山市駅からバス高知行き御三戸下車
- 国道33号線美川大橋から展望（大橋付近に駐車場なし）。役場の方から河川敷へ乗り入れ可能

　面河川の対岸（久万川との合流点）に水中から突起した石灰岩が風化してできた石灰岩体、別名軍艦岩（川面から約40m）。国道33号線美川大橋から四季折々の美しい光景を見ることができる。県の名勝。（10月中旬）

古岩屋と礫岩峰

中国・四国

81　愛媛県久万町

- ☎ 愛媛県上浮穴郡久万町観光協会 0892-21-1192
- 🚃 JR予讃線松山駅または伊予鉄道松山市駅からバス久万行き終点下車タクシー10分
- 🚗 国道33号線久万町または美川村御三戸交差点から県道12号線に入り国民宿舎駐車場

　国民宿舎前に礫岩峰の古岩屋（標高500m）があり、その岩肌には岩松や貴重な高山植物が自生している。付近には約20個の円錐形礫岩峰群があって、高いものでは100mを超えるものもあり、特異な景観である。国の名勝。（10月中旬）

中国・四国

室戸岬の奇岩怪石

82 高知県室戸市

- ☎ 高知県室戸市観光協会 0887-22-0574
- 🚃 土佐くろしお鉄道ごめん・なはり線奈半利駅下車バス室戸岬
- 🚗 国道55号線高知から83km、徳島から130km、室戸岬駐車場

太平洋の荒波が砕け、しぶきを浴びる岩礁群は巨岩奇岩の宝庫である。海岸遊歩道の東側には伝説の残るビシャゴ巌、エボシ巌などがある。（3月下旬）

中国・四国	**竜串海岸**(たつくしかいがん)	☎ 高知県土佐清水市観光商工課 0880-82-1111
		🚃 土佐くろしお鉄道中村線・宿毛線中村駅からバス竜串下車
83	高知県土佐清水市	🚗 中村市から国道321号線を43km、または宿毛市から38km、竜串海岸駐車場

恐竜の背骨を思わせる節と突起のある怪石が海から陸地へ競って到着したような奇観。県の名勝。(3月下旬)

観音岩

中国・四国 84　高知県大月町

- ☎ 高知県幡多郡大月町役場水産商工振興課　0880-73-1115
- 🚃 土佐くろしお鉄道宿毛線宿毛駅からバス柏島行き観音岩下車
- 🚗 国道321号線大月町二ツ石から県道柏島方面へ約17km、観音岩駐車場

　大月半島の南岸に50〜120mの断崖絶壁が続く大堂海岸先端に近い展望台から、眼下に大海原を背に観音岩（高さ30m）が立っている。（3月下旬）

福 岡 県	⑧⑤ 茶屋大門（志摩町）
佐 賀 県	⑧⑥ 立神岩（唐津市）
	⑧⑦ 七ツ釜（唐津市）
長 崎 府	⑧⑧ 猿岩（壱岐市）
	⑧⑨ ポットホール（斑島玉石甌穴,小値賀町）
	⑨⓪ 石灰藻化石群（西海町）
	⑨① 軍艦島（野母崎町）
熊 本 府	⑨② オッパイ岩（苓北町）
大 分 県	⑨③ 一目八景（深耶馬渓,耶馬渓町）
宮 崎 県	⑨④ 馬ヶ瀬（日向市）
	⑨⑤ 青島と鬼の洗濯板（宮崎市）
	⑨⑥ 鵜戸崎の奇岩（日南市）
鹿児島県	⑨⑦ 桜島の溶岩（鹿児島市）

九州 沖縄

日本の奇勝百景

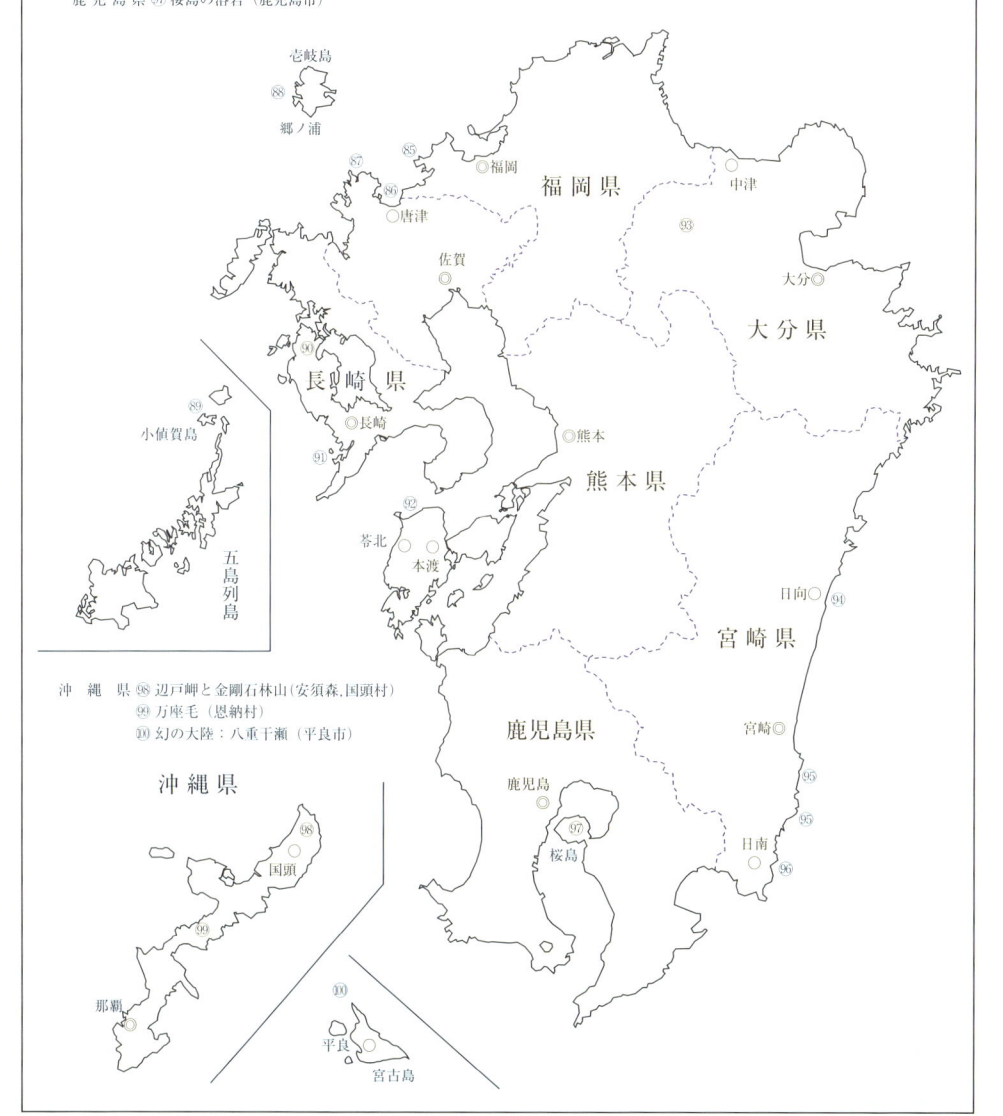

沖 縄 県	⑨⑧ 辺戸岬と金剛石林山（安須森,国頭村）
	⑨⑨ 万座毛（恩納村）
	⑩⓪ 幻の大陸・八重干瀬（平良市）

| 九州・沖縄 | 芥屋大門(けやおおと) |

☎ 福岡県糸島郡志摩町観光協会
　 092-327-4048
🚃 JR筑肥線筑前前原駅からバス芥屋下車
🚗 国道202号線前原市西町から県道54号線
　 約10km、芥屋駐車場

85 福岡県志摩町

　延長1,500mの芥屋の岬先端の日本最大の玄武岩洞(高さ60m、奥行90m)。岬の横顔は東側または西側の海岸から展望できる。国の天然記念物。(8月中旬)

九州・沖縄

立神岩(たてがみいわ)

86 佐賀県唐津市

☎ 佐賀県唐津市観光協会
　0955-74-3255
🚃 JR唐津線唐津駅下車大手口バスセンターからバス湊(立神岩入口)下車0.4km
🚗 唐津駅から国道204号線約11km立神岩入口から0.4km、駐車場

　東松浦半島北東部の海岸に男岩(周囲6m、高さ40m)と女岩、二つの巨大な玄武岩の柱塊。人が寄り添う姿に似ていることから夫婦岩とも呼ばれている。市の天然記念物。(8月下旬)

七ツ釜

九州・沖縄

87 佐賀県唐津市

☎ 佐賀県唐津市観光協会
　0955-74-3355
🚊 JR唐津線唐津駅下車大手口バスセンターからバス湊経由呼子行き七ツ釜口下車2km
🚗 国道204号線七ツ釜口から約2km、七ツ釜駐車場

　玄武岩質の大小柱状節理の断崖を長い年月をかけ玄界灘の荒波がつくり上げたかまど風洞窟。最大の洞は間口高さとも3m、奥行が110mもあるという。国の天然記念物。（5月中旬）

| 九州・沖縄 | 猿岩 |

88 長崎県壱岐市

☎ 長崎県壱岐市観光協会
0920-47-3700
✈ 壱岐空港からバス郷ノ浦下車、車30分
🚗 佐賀県呼子港フェリー（70分）壱岐印通寺港から車30分、猿岩駐車場

壱岐黒埼半島の突端に巨大なボス猿が海原を見張っているような岩（高さ約50m）。横顔は不思議なほど猿によく似ている。まさに天然の芸術作品である。（5月中旬）

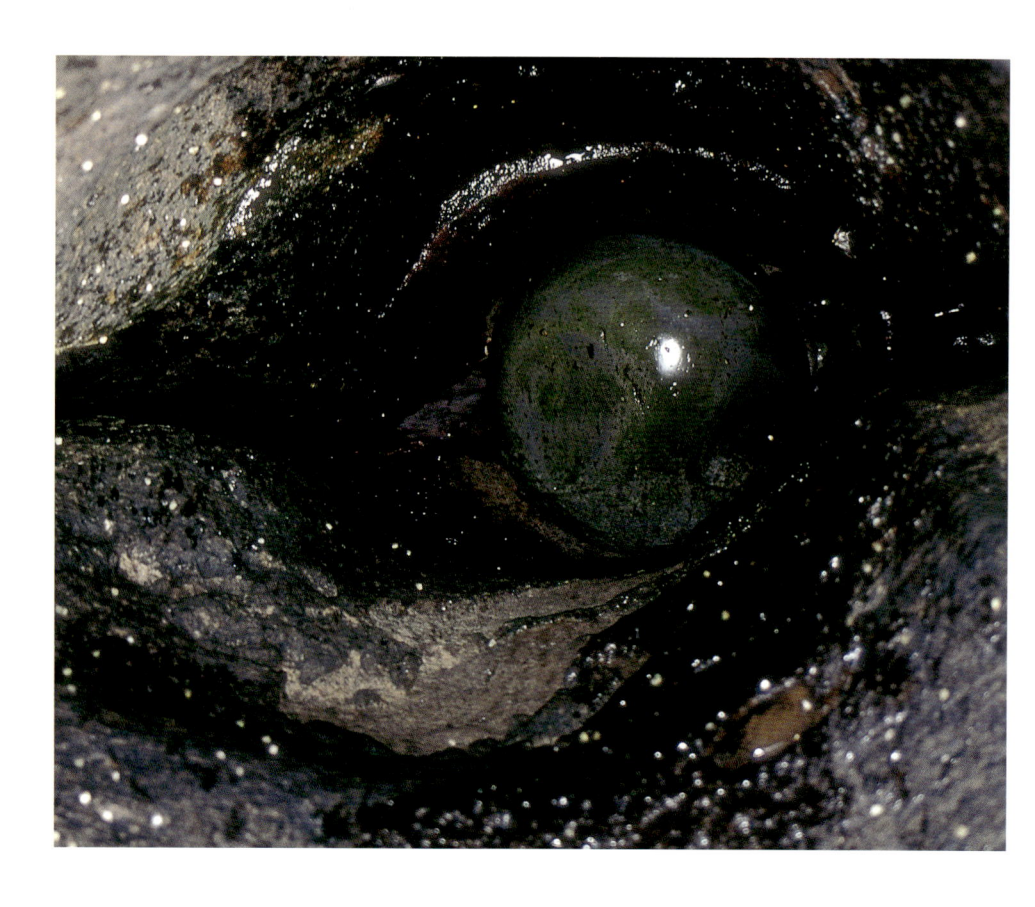

| 九州・沖縄 | **ポットホール**
（**斑島玉石甌穴**）
（まだら じま たま いし おう けつ） | ☎ 長崎県北松浦郡小値賀町観光協会
0959-56-2646
🚢 佐世保港から高速船100分小値賀港からタクシー 10分 |

89 長崎県小値賀町

　五島列島の北端小値賀町斑島（海中火山でできた島）の北海岸溶岩群の中に深さ3m、口径2m、底の径1mの穴に直径50cmの玉石があり、荒天時には岩の裂け目から奔流した荒波が玉石を動転させ岩を削り続けている。甌穴としては世界第二位の規模という。国の天然記念物。（6月中旬）

石灰藻化石群(せっかいもかせきぐん)

九州・沖縄

90 長崎県西海町

☎ 長崎県西彼杵郡西海町、長崎西海楽園
0959-33-2316
🚃 JR佐世保線早岐駅からバス40分七ツ釜鍾乳洞下車
🚗 国道202号線から県道43号線を経由約30分、西海楽園駐車場

　この化石群のある「長崎西海楽園」の案内によると「3億年〜2億5000万年前赤道直下にできた珊瑚礁が大陸移動でこの地に到着し、その地層が虚空蔵山(307m)の数回の噴火により隆起し地表に出現したもので、これだけ集中して見られるのは世界的にも珍しい」という。(12月上旬)

軍艦島（端島）

九州・沖縄

91　長崎県野母崎町

☎ 長崎県西彼杵郡野母崎町観光協会
095-893-1111
🚃 JR長崎本線長崎駅からバス以下宿または野母崎展望公園下車
🚗 長崎市から国道499号線黒浜トンネル南0.5km、以下宿駐車場または野母崎町先端展望公園駐車場

　長崎半島野母崎町を通る国道499号線以下宿付近の西方約5km沖合海上に浮かぶ端島（通称軍艦島）は以前炭坑で栄えた孤島（周囲1.2km）。その形がまるで軍艦が停泊しているように見えることから軍艦島と呼ばれ、地元では世界遺産の声さえ出ているという。（8月中旬）

九州・沖縄	**オッパイ岩**(いわ)	☎ 熊本県天草郡苓北町観光協会 0969-37-1244
92	熊本県苓北町	🚌 熊本交通センターからバス本渡経由苓北町西河内下車
		🚗 国道57号線三角・天草五橋・本渡経由国道324号線西河内(左側に駐車可)

　苓北町の北東部、国道324号線沿い海側に案内板と海岸へ下る石段があり、30mほど沖合いの海中に直径約1.5m乳房そっくりの変形岩が転がっている。大潮時の最大干満差が約4mあり、干潮時に姿を見せる。(8月中旬)

一目八景（深耶馬渓）

九州・沖縄

93　大分県耶馬渓町

- ☎ 大分県下毛郡耶馬渓町役場商工観光課
  0979-54-3111
- 🚉 JR日豊本線中津駅またはJR久大本線豊後森駅から車
- 🚗 国道212号線耶馬渓町から県道28号線に入り約11km、駐車場

　耶馬渓の中心的景勝地、鳶の巣山をはじめ八つの岩峰群を一望できることからこの一目八景の名がついたという。国の名勝。（11月中旬）

馬ヶ瀬
九州・沖縄

94 宮崎県日向市

☎ 宮崎県日向市観光協会
　0982-52-2111
🚃 JR日豊本線日向市駅から車
🚗 国道10号線日向市新生町交差点を海側へ
　（案内標識あり）

　太平洋の荒波に洗われ、つくりだされた奥行200m、幅10mの海水路の両側は高さ70mの柱状岩の断崖絶壁。先端の展望所からは日向岬一帯に広がる柱状岩の海岸線が見事である。（12月上旬）

青島と鬼の洗濯板

九州・沖縄

95

宮崎県宮崎市

☎ 宮崎県宮崎市観光協会
　0985-20-8658
🚉 JR日南線青島駅下車
🚗 宮崎自動車道宮崎ICから国道220号線、青島駐車場(有料)

　日南海岸のシンボル、通称・鬼の洗濯板(奇形波食痕)と呼ばれる波状岩は、青島から日南に集中しており、青島(周囲約1km)の場合、広く同一方向に並んだ波食痕上に島が形成されているようだ。国の天然記念物。(10月中旬)

鵜戸崎の奇岩

九州・沖縄

96 宮崎県日南市

- ☎ 宮崎県日南市役所観光課 0987-31-1134
- 🚃 JR日豊本線宮崎駅または日南線日南駅からバス鵜戸神宮入口下車
- 🚗 国道220号線鵜戸から海岸線神宮入口の鳥居と集落を通過右側に灯台(数台駐車可)

　灯台前から狭い急石段(一部崩壊)を下り海岸へ出ると奇岩面の広場である。凹凸とラインによる千変万化の美しい彫刻模様があり、天然の芸術展である。(1月中旬)

桜島の溶岩

九州・沖縄

97 鹿児島県鹿児島市

☎ 鹿児島県鹿児島市役所観光課
　099-216-1327
🚉 JR日豊本線鹿児島中央駅または桜島港から定期観光バス
🚗 桜島港から国道224号線または国分方面から国道220号線経由有村展望所駐車場

　全長約1kmにおよぶ溶岩遊歩道のある有村展望所から、周辺の溶岩塊と今も噴煙を上げ続ける南岳(1,040m)の光景を見て、大正溶岩(1914年)・昭和溶岩(1946年)など流出当時は恐怖の別世界であったことを物語っている。(12月上旬)

辺戸岬と金剛石林山（安須森）

九州・沖縄

98 沖縄県国頭村

☎ 沖縄県国頭郡国頭村役場経済課
0980-41-2101
🚌 那覇バスターミナル（名護西線20番）から名護BT、辺戸名BT経由辺戸岬約4時間
🚗 那覇市から国道58号線約110km、辺戸岬駐車場（岬は海側、石林山は山側）

　沖縄本島最北端に位置し「祖国復帰闘争の碑」が建つ付近は海面から約30mの険しい隆起サンゴ礁の巨岩に埋めつくされており、岬の東側は奇岩と白砂の宇佐浜、さらに安須森を一望できる。「金剛石林山」は国道の山側「茅打ちバンタ」の向かいにあって、約2億年前の石灰岩が雨水に浸食されてできた世界最北端の熱帯カルスト地形（円錐カルスト）や最大10mのピナクル（石灰岩が塔のように露出）など巨岩巨石が林立している。入山有料。

万座毛
九州・沖縄
99 沖縄県恩納村

- ☎ 沖縄県国頭郡恩納村役場経済観光課 098-966-1202
- 🚌 那覇BT(名護西線20番)から恩納村役場前下車徒歩10分
- 🚗 那覇市から国道58号線を約42km万座毛入口を左折0.7km、駐車場

　隆起珊瑚礁の切り立った断崖(23〜28m)が取り巻く万座毛岬、断崖に沿った遊歩道の内側は天然芝が広がり、万座(万人が座る)毛(原っぱ)の意味も頷ける。沖縄本島の代表的観光地であり、訪れる人が多い。県の名勝、天然記念物。(4月上旬)

幻の大陸（八重干瀬）

九州・沖縄

100 沖縄県平良市

☎ 沖縄県平良市下里、宮古フェリー株式会社
　09807-2-3263
🚢 平良港から観光船（予約先、宮古フェリー）

　池間島の北方、南北10km、東西7kmの海域に広がる大小100を超える珊瑚礁群が「八重干瀬」（平常水深約2m）で、旧暦3月3日大潮前後の3日間この珊瑚礁群が浮上し、幻の大陸と呼ばれている。上陸して潮干狩などが楽しめる。（4月上旬）

111

おわりに

　私達に残された「自然の遺産」も、時には天変地異により呆気なく崩壊し消滅する。例えば1992年BBC(英国)が取材に訪れた日本三奇岩の一つ風船岩(北海道)は1988年流氷の圧力によって折られ姿を消していた。また岩手県にある天然記念物の葛根田の大岩屋(通称玄武洞)は1998年9月岩手県内陸北部地震(M6.1)の影響か、翌年9月に大岩屋の迫り出した岩盤が崩落(高さ80m、幅160m)し、茅葺き屋根風の面影を失い、柱状節理の一部分を残した岩壁を防護ネット越しに見る、変わり果てた光景である。

　一方、管理者の努力により守られているものもある。鳥取砂丘の場合、1990年頃から一部雑草の繁茂により景観が著しく悪化したが、関係者が除草作業に努力されよみがえりつつあるという。観光シーズンを前に大勢のボランティアによる清掃も行われているが、数週間後には早くもタバコの吸殻などが目につき残念である。

　天変地異による自然消滅は別として、2002年南太平洋イースター島の巨大なモアイ石像に日本人が起こした落書き事件など記憶に新しいところである。私達観光客が一体となって、自然や先人から受け継いだものを次世代へ残すため、保存の立場になって協力しなければならないと思う。

　なお、本文解説は関係市町村観光担当課から頂いた資料を参考にしました。

　発行にあたって、関係市町村観光担当課の方々をはじめ東方出版編集部には心から謝意を表します。

※本文中の問い合わせ先について、現在全国3,241市町村を約1,000の自治体にまとめるため、平成の大合併が行われつつあります。本書発行後に該当する市町村が生じた場合、ご了承下さい。

中西栄一

1929年、鳥取県出身。大阪物療専門学校卒業後（財）結核予防会大阪府支部に勤務。在職中から各分野の写真撮影をしていたが、そのうちの「滝」をまとめ、1998年『写真紀行 日本の滝200選』、2000年『写真紀行 続・日本の滝200選』を出版。

住所　〒573-0087
　　　大阪府枚方市香里園山之手町33-14

日本の
奇勝百景

写真・文
中西栄一

2004年8月26日　初版第1刷発行

著　者　中西　栄一
発行者　今東　成人
発行所　東方出版(株)
　　　　〒543-0052　大阪市天王寺区大道1-8-15
　　　　電話 06-6779-9571　FAX 06-6779-9573
印刷所　ニューカラー写真印刷(株)
デザイン　柴垣　晃

本書を無断で複写・複製・転載することは、法律で認められた場合を除き、著作者および出版社の権利の侵害となります。あらかじめ承諾を求めてください。

©2004 Eiichi Nakanishi　Printed in Japan
ISBN4-88591-906-1 C0025

書名	著者	価格
続・日本の滝200選	中西栄一	2,500円
日本の滝200選	中西栄一	2,500円
加賀白山の四季　福島健介写真集	福島健介	2,000円
ふるさとの富士200名山	吉野晴朗	2,427円
日本の山河　緑川洋一写真集	緑川洋一	8,000円
上高地　富山愛子写真集	富山愛子	3,689円
大阪城の四季　登野城弘写真集	登野城弘	1,200円
大雪山旭岳　鈴木良策写真集	鈴木良策	3,689円
大台ケ原原生林　稲川米雄写真集	稲川米雄	3,000円
琵琶湖逍遥　マツシマススム写真集	マツシマススム	3,800円
南の大地オーストラリア　緑川洋一写真集	緑川洋一	3,689円
巴里今昔　緑川洋一写真集	緑川洋一	4,000円
母なる大地アフリカ	川上緑桜	2,893円
白鷺幻想　川上緑桜写真集	川上緑桜	2,718円
大阪天神祭　上田安彦写真集	上田安彦	2,718円
京舞妓歳時記　溝縁ひろし写真集	溝縁ひろし	2,427円
日本の石仏200選	中淳志	2,800円
にっぽん原風景	産経新聞大阪本社写真報道局	2,500円

（表示価格は税別）